AF295688

NOTICE
SUR M. RIEUSSEC,

LUE A LA

SÉANCE PUBLIQUE

DE LA

SOCIÉTÉ ROYALE D'AGRICULTURE,

HISTOIRE NATURELLE ET ARTS UTILES

DE LYON,

PAR **M. GROGNIER**, SECRÉTAIRE.

LYON,

IMPRIMERIE DE J. M. BARRET, PLACE DES TERREAUX.

1828.

NOTICE
SUR M. RIEUSSEC,

LUE A LA

SÉANCE PUBLIQUE

DE LA

SOCIÉTÉ ROYALE D'AGRICULTURE,

HISTOIRE NATURELLE ET ARTS UTILES

DE LYON.

MESSIEURS,

Pierre-François Rieussec, conseiller honoraire à la cour royale de Lyon, ancien membre du corps législatif et de la chambre des députés, chevalier de la légion d'honneur, doyen, depuis plusieurs années, de la société d'agriculture, naquit à Lyon le 23 novembre 1738. Son père fut M. François Rieussec, négociant honorable, qui avait acquis la noblesse par un long exercice de la magistrature municipale ; sa mère fut Marie-Françoise-Paule

Charret, fille d'un contrôleur d'artillerie, secrétaire du roi. Il fit, avec succès, ses premières études
sous les jésuites, au grand collége de Lyon ; il les
termina à l'université de Paris, entra ensuite à
l'école de droit, et fut reçu avocat au parlement
en 1765. La nature, qui le destinait à la noble profession du barreau, lui avait donné une mémoire
prodigieuse, une imagination riche, beaucoup
de force de logique, une élocution facile, un
organe flexible et sonore, un extérieur agréable.
Ses premiers pas dans la carrière furent marqués
par de brillans succès. Il lutta dans un procès
célèbre et sans beaucoup de désavantage contre M.
Servan, un des avocats les plus éloquens du
dernier siècle. Il déploya plus de talens encore dans
la défense de M. Bertholon, son rival en renommée,
et qui, dit-on, n'était pas son ami. Il prononça
en 1775 la harangue de la St. Thomas. On n'a
pas oublié que, d'après un antique usage, l'installation des nouveaux magistrats municipaux avait
lieu à Lyon le jour de la St. Thomas, et que,
dans cette solennité, un orateur, désigné parmi
les talens les plus distingués dans les professions
libérales, faisait, devant l'élite de la cité, un
discours sur un sujet de son choix. M. Rieussec
parla des vertus qui entretiennent l'ordre dans la
société, et la paix dans les familles. On peut juger
de ce discours par le passage suivant :

« Père tendre, montrez à votre fils dans toutes
» les parties de ce vaste univers, et dans leur
» majestueuse harmonie, l'empreinte de la divinité;
» que les bienfaits de l'être suprême élèvent son
» âme jusqu'à lui, et la préparent aux leçons de
» son culte; qu'en apprenant que tous les hommes
» sont l'ouvrage de ses mains, il voie en eux
» des frères et des amis; qu'il considère dans la so-
» ciété la chaîne heureuse de secours et de services
» dont il éprouve déjà l'influence; dans sa nation,
» la grande famille à laquelle il appartient; dans
» les lois, la force active et vigilante qui fait son
» bonheur et sa sûreté; dans le monarque, le
» père commun et l'âme du corps social. »

Jeune encore, il fut appelé par le consulat à
une chaire de droit, fondée à l'hôtel de ville, et
il la remplit avec distinction jusqu'au moment où
une nombreuse clientelle le rappela dans son cabinet. Alors même il eut des momens à donner aux
affaires de la cité. On le vit en 1776 recteur de
l'hospice de la charité et conseiller de ville; il arri-
vait à la magistrature municipale, lorsque la
révolution éclata. L'administration paternelle des
hospices fut supprimée, et le sort des pauvres aban-
donné à l'assemblée administrative du département.

En lui remettant ce dépôt sacré, M. Rieussec
s'exprimait ainsi au nom de ses collègues:

« Nous vous en conjurons, Messieurs, protégez,

» conservez , affermissez cet établissement impor-
» tant pour notre ville , qui le soutient et l'honore ;
» cet établissement essentiel dans une grande
» manufacture , qui a retenu dans la cité des mil-
» liers de bras utiles ; qui , en prévenant le déses-
» poir , a détourné du crime , a conservé à la vie,
» au travail et à la vertu , une multitude d'in-
» digens ; cet établissement enfin qui console
» l'humanité et que la politique admire. »

M. Rieussec avait fait preuve de talens adminis-
tratifs. On connaissait son zèle éclairé pour l'agriculture ; il fut nommé membre , et plus tard
président du district de la campagne : c'était en
1790. Mais la révolution ayant pris un caractère
plus sombre , il dut se retirer , il se renferma
dans sa propriété de Tassin pour se livrer tout
entier à son goût pour le premier des arts. Les
affreux dominateurs de l'époque se rappelèrent
sa sagesse et sa modération : il fut traduit devant
un tribunal de sang , et ne fut acquitté qu'à la
simple majorité d'une voix , et encore grâces aux
démarches héroïques de sa femme et à la réclamation
unanime des cultivateurs de son canton.

Il avait contracté dans les cachots révolutionnaires une grave maladie ; il gissait dans son lit à
Tassin , lorsqu'on vint pour l'arrêter de nouveau.
Un sursis est accordé aux larmes de Mad. Rieussec,
à celles de ses enfans, surtout aux apparences d'une

mort prochaine. On revint quelques jours après, mais le malade avait disparu : on l'avait caché dans la chaumière d'un pauvre et respectable cultivateur, d'où il ne sortit qu'après le 9 thermidor. On le rappela alors à la présidence du district de la campagne, et il n'accepta cet emploi qu'à la condition que les prisons révolutionnaires s'ouvriraient à ses administrés. Il fit, dans ce poste, tout le bien compatible avec les circonstances, et surtout il évita tout le mal qui n'en était pas une rigoureuse conséquence. Trop souvent néanmoins la rectitude de son esprit et la droiture de son cœur furent en opposition avec des mesures inexorables.

Dégoûté de la carrière administrative, il désira rentrer dans celle de la magistrature, il fut nommé juge au tribunal de département, et bientôt ses collègues lui déférèrent la présidence. Les cours d'appel ayant été créées plus tard, M. Rieussec prit place, comme conseiller, à celle du Rhône, et lorsque cette cour fut consultée sur la formation du code civil, il fut le rapporteur de la commission prise dans son sein pour préparer les délibérations sur un si grave sujet. Elle adopta le travail de M. Rieussec : travail important, qui a été recueilli avec ceux de même genre des autres tribunaux supérieurs.

Pendant le cours de ses fonctions judiciaires,

il fut appelé deux fois au corps législatif, en 1804 et en 1810. Il occupa plusieurs fois le fauteuil de l'assemblée en qualité de vice-président, et il siégea pendant toute une session au comité de législation, où il se fit remarquer par la solidité de son érudition et la profondeur de son jugement.

Lorsqu'au retour du roi, la tribune fut relevée dans les deux chambres législatives, M. Rieussec se fit entendre plusieurs fois à celle des députés, tantôt pour appuyer la proposition de M. Dumolard, à l'égard des étrangers membres de la chambre élective, tantôt pour réclamer la naturalisation en faveur de ceux qui, dans les départemens réunis, avaient rendu des services à l'état.

La chambre élective ayant été dissoute en 1815, M. Rieussec qui était arrivé à une honorable vieillesse, déposa les fonctions publiques pour couler ses dernières années dans le sein d'une famille chérie, et au milieu des occupations champêtres qui dans tous les temps avaient charmé ses loisirs. Dans plusieurs circonstances solennelles, il paya au premier des arts le tribut de ses talens oratoires. En 1787, il prononça, en séance publique de la société, un discours fort remarquable sur les causes morales de la dégradation de l'agriculture en France. Dans une autre séance tenue à l'époque de la consulta cisalpine, il exposa l'état dé l'agriculture, de l'histoire naturelle et des arts à Lyon. Il tint la plume dans les premières années de la restauration de la société, il l'avait tenue pareillement dans un conseil d'agriculture qui s'était formé sous les auspices de l'assemblée provinciale, et qui fut emporté par les premiers orages de la révolution. C'est lui qui, avec le respectable Gilibert, servit en quelque sorte de point de ralliement à ceux des membres de l'ancienne société qui, ayant échappé aux fureurs révolutionnaires, se réunirent en 1798, pour former la nouvelle société. Il est temps de considérer M. Rieussec comme agronome praticien.

Dès l'année 1773, et à l'époque même où il fut admis au bureau d'agriculture de la généralité de Lyon, il se joignit aux La Tourrette, aux Gilibert, aux Rosier, aux Rast-Maupas, pour perfectionner l'économie rurale de la province. On n'ignore pas que c'est aux efforts combinés de ces habiles agronomes qu'on dut les prairies artificielles, leur amendement par le plâtre ; la culture des plantes oléagineuses, notamment du colza ; l'emploi comme engrais, d'un grand nombre de substances jusques alors méconnues ou négligées, et plus particulièrement l'usage de l'engrais puissant qu'on extrait des fosses d'aisance. On vit alors se propager dans le Lyonnais ce tubercule précieux dont le vénérable Parmentier a fait connaître la richesse. Le domaine de Tassin où M. Rieussec passait tout le temps qu'il pouvait dérober à son cabinet et aux fonctions publiques, devint une école où les cultivateurs du voisinage allaient recevoir des leçons, et surtout puiser des exemples. Il est prouvé que c'est à Tassin et dans le domaine de M. Rieussec que parurent pour la première fois dans tout le canton de Vaugneray les prairies artificielles. D'autres améliorations furent l'ouvrage de cet habile agronome. Il parvint, à l'aide de défrichemens partiels, à convertir de maigres pâturages en prairies, en en vignes, en terres arables; il fit escarper un roc stérile, situé à l'ouest du ruisseau d'Alluyer, et des débris de ce roc, il forma des murs de cloture et des murs de soutènement, il combla des ravins profonds, il dirigea les eaux qui descendent de la montagne dans le ruisseau qui en baigne la base; et c'est ainsi qu'il a conquis une grande étendue de rocs décharnés pour les couvrir de vignes et d'arbres fruitiers; il a contenu dans son lit l'Alluyer, dérobant ainsi à ses excursions des terrains que jusques alors on n'avait pas osé mettre en culture; il a établi des pépinières d'arbres fruitiers, acclimaté des arbres exotiques, soit d'utilité, soit d'agrément.

Parvenu à un âge très-avancé, M. Rieussec n'avait rien perdu de son activité, de son ardeur pour l'agriculture; on le vit, dans ces derniers

temps, se livrer avec zèle à des expériences pro-
voquées par la société, sur les qualités comparatives
du chanvre bolonais et de celui du pays.

M. Rieussec a terminé sa longue et honorable
carrière le 20 juillet 1826, à l'âge de 88 ans,
laissant la mémoire d'un savant jurisconsulte,
d'un sage administrateur, d'un magistrat in-
tègre, d'un agronome habile, d'un homme de
bien.

C'est afin de ne pas ralentir la marche de la
notice rapide consacrée à la mémoire de M. Rieussec,
que nous nous sommes abstenu d'y placer l'analyse
de deux discours de cet agronome respectable, res-
tés inédits. Cette analyse n'eût pu d'ailleurs y être
que très-courte, et l'histoire des travaux de la
Société réclame un extrait un peu développé de
deux ouvrages remarquables qui se rattachent à
l'objet de son institution.

Dans l'un de ces discours, qui fut prononcé en
1787, dans le sein de l'ancienne Société d'agriculture, M. Rieussec expose les causes morales de la
dégradation de l'agriculture et les moyens d'y
remédier.

Le sujet de l'autre ouvrage est le tableau de
l'agriculture lyonnaise dans les premières années
qui suivirent la restauration de la Société, et l'in-

fluence de cette compagnie sur les améliorations dont nos campagnes s'étaient enrichies. Ce discours fut prononcé le 24 nivose an X, à l'époque où se tint à Lyon la consulta cisalpine. Le ministre de l'intérieur, comte Chaptal, présidait la séance, et parmi les savans étrangers qui y assistèrent, on remarqua Brugnatelli, Volta, Moscati.

Le premier de ces discours est le travail d'un savant jurisconsulte profondément versé dans les sciences agronomiques ; il respire les sentimens d'un ardent ami de l'humanité. « Parcourez nos » campagnes, dit-il dans son exorde, vous y » chercherez en vain les Tircis, les Mélibée de » nos idylles, vous y trouverez à la place de » malheureux laboureurs, courbés sous le poids du » jour, flétris par l'indigence et mangeant un » pain noir, toujours arrosé de leurs sueurs et » quelquefois de leurs larmes. »

L'auteur compare l'abjection et la misère des cultivateurs de notre temps avec l'estime et le bonheur dont jouissaient, dans les temps antiques, ceux qui fécondaient la terre et faisaient paître les troupeaux.

Il signale, comme cause principale de l'état déplorable où l'agriculture française a été plongée, les coutumes féodales imposées à nos ancêtres par les barbares du Nord, et qui avaient subsisté sous diverses formes, jusqu'à l'époque où il écrivait.

« Du moment où ces coutumes s'établirent, nos
» campagnes furent peuplées de serfs de corps, de
» serfs de main-morte, de serfs de la glèbe, de
» vilains, etc. les uns et les autres tellement dé-
» gradés par la servitude, que leurs maîtres décla-
» raient, en les affranchissant, *qu'ils leur rendaient*
» *le sens commun.* »

A mesure que l'autorité bienfaisante de nos rois
se consolidait, l'oppression féodale perdait de sa
force ; cependant elle pesait encore beaucoup en
1779, époque où fut rendu un édit où l'on re-
connaît l'impossibilité que des hommes privés de
la liberté de leurs personnes, et dépouillés des
prérogatives de la propriété, aient cette énergie dans
le travail que le sentiment de la propriété la plus
libre est seul capable d'inspirer. D'ailleurs, comment,
ajoute-t-on, des infortunés à qui il ne reste que la
moindre partie de la récolte que leurs bras ont
produit, qui ont à peine de quoi subsister, pourraient-ils faire chaque année les avances nécessaires
pour assurer l'abondance de la reproduction ? comment, à plus forte raison, pourraient-ils subvenir
aux avances multipliées qu'exigent le défrichement,
la culture, l'amélioration des fonds incultes ? Cette
ordonnance, dont M. Rieussec rend hommage à la
sollicitude paternelle de Louis XVI, adoucit le
sort de l'agriculture ; mais il ne put la guérir de
tous ses maux : il resta encore des droits onéreux

consacrés par le temps , et là-dessus l'auteur fait la réflexion suivante : « Depuis que la puissance
» royale s'est heureusement élevée sur les ruines
» de l'anarchie féodale ; depuis que le monarque est
» devenu le maître de tous , l'unique protecteur ,
» le seul défenseur , le père commun de ses sujets
» de tous les ordres, les propriétés et les personnes
» ne devraient plus être assujetties qu'à deux droits,
» l'impôt dû à l'autorité souveraine pour les frais
» de l'administration tutélaire, de la défense, de la
» protection du gouvernement , et la rétribution
» affectée aux ministres des autels pour le culte ,
» l'instruction , les consolations , les conseils et
» les autres bienfaits qu'ils répandent. »

Je n'ai pas besoin de faire observer que parmi les exigeances onéreuses dont M. Rieussec demandait la suppression , il ne comprenait pas les droits qui étaient fondés sur des titres légitimes. Tout en attaquant avec force les abus et les usurpations , il entourait le droit de propriété d'un respect religieux. Il regardait comme tels ceux de servitudes féodales : démontrant en même temps qu'un rachat à l'amiable était dans les intérêts bien entendus et de ceux qui subissaient ces servitudes et de ceux qui en profitaient. Il prouvait surtout que sans cet affranchissement , toute amélioration importante dans l'agriculture était impossible. Cet affranchissement du sol fut le constant objet de la sollicitude de nos rois. En juillet 1315, Louis Hutin donna un édit rapporté par le président Hénault, dans lequel on lit : *Comme suivant le droit de nature, chacun doit naître franc, considérant que notre royaume est dit et nommé le royaume des Francs, et voulant que la chose en vérité fut accordante au nom, ordonnons que généralement dans tout notre royaume franchises soient données à bonnes et convenables conditions.* Long-temps après, Louis XV ordonna le remboursement d'une foule de péages, supprima des droits onéreux de halles, de foires et de marchés, affranchit des dixmes les terres défrichées pendant les quinze premières années de culture. A peine assis sur le trône, Louis XVI invita les seigneurs à affranchir les serfs qui existaient encore dans quelques provinces réunies à la monarchie, et il donna l'exemple, en rendant à la liberté ceux de ses domaines, il éteignit le droit odieux de poursuites que le seigneur exerçait sur ses serfs et leurs biens, jusques dans les lieux de liberté.

Après avoir montré l'heureuse influence de ces mesures sur les progrès de l'agriculture, le jurisconsulte philantrope recherche les moyens de les généraliser, en faisant disparaître toutes les servitudes féodales, graduellement, sans secousses, et tout en respectant le droit de propriété. Il s'élève surtout contre deux des abus les plus révoltans des droits féodaux , leur imprescriptibilité et l'accumulation des arrérages pendant 29 ans. Il cite la Bresse et le Dauphiné , où la prescription avait lieu au bout de cent ans , et où les arrérages ne pouvaient pas remonter au-delà de cinq ans.

Ce n'était pas seulement d'une province à l'autre qu'on rencontrait une étrange bigarrure de jurisprudence et de droit commun. Le même arrondissement offrait encore une disparité de mesures en fait de redevances d'où résultait une confusion inextricable , source féconde de procès ; et , à cet égard , l'auteur demande que pour les transactions féodales , comme pour toutes les autres , une mesure uniforme de poids , comme de capacité , soit adoptée généralement ; et c'était en 1787 qu'il émettait ce vœu , et dès cette époque , il démontrait que la diversité des poids et des mesures favorisait la fraude , au lieu d'être utile , ou , comme on le disait alors , et comme on le répète encore aujourd'hui , il montrait surtout combien elle était funeste à l'agriculture. C'est ainsi que les esprits sages et lumineux , non contens d'adopter les améliorations amenées par le progrès des lumières , devancent quelquefois leur siècle pour signaler et préparer celles qui sont réclamées par les nécessités publiques.

L'une de ces améliorations les plus précieuses

serait, sans doute, un code de procédure civile, conçu de manière à étouffer le germe de presque tous les procès. Ce que disait en 1787 M. Rieussec, n'a pas perdu son application.

« On a beaucoup écrit contre le déplacement des
» richesses occasioné par le luxe : combien de choses
» plus fortes, plus vraies, plus utiles on aurait pu
» dire sur le danger du déplacement des richesses,
» occasioné par les procès !

» L'agriculteur doit consacrer tout son temps,
» toute son attention à la culture de ses terres,
» tout son argent aux avances nécessaires à la re-
» production. A-t-il un procès ? il en est absorbé
» tout entier ; son temps se perd en courses in-
» fructueuses, ses réflexions se concentrent dans
» ses moyens judiciaires de défense, son or se
» métamorphose en papiers stériles ; ainsi sa culture
» languit, et son champ, bientôt privé des agens
» précieux de la végétation, tels que le travail et
» l'engrais, perd sa fertilité et annonce par sa dé-
» vastation la *saisie réelle* qui doit le dévorer après
» le jugement.

» Triste fruit des procès ! Si le décret arrive,
» le père chassé de sa maison, ne sera plus qu'un
» manœuvre, dont les mains mercenaires cultive-
» ront mal et avec regret un champ qui n'est plus
» sa propriété : les enfans oisifs et mendians seront
» bientôt peut-être au nombre des coupables. »

A l'époque où M. Rieussec faisait entendre ces paroles, les procès des cultivateurs étaient soumis à trois degrés de juridiction, tandis que ceux des habitans de ville n'en suivaient que deux. Cette différence bizarre était l'effet des coutumes féodales. Tout en demandant la réforme de ces coutumes, l'auteur prouve que l'attribution aux baillages royaux de tout le contentieux des campagnes, serait un bienfait pour l'agriculture, et ne ferait aucun tort aux seigneurs, lesquels, d'ailleurs, ne nommant plus les juges subalternes des campagnes, cesseraient d'être responsables de leur impéritie et de leurs prévarications.

Après avoir signalé les vices et les lacunes de la jurisprudence qui régissait l'agriculture, et avoir fait sentir la nécessité de ce code rural que nous attendons encore, après en avoir indiqué quelques dispositions fondamentales, l'orateur tourne ses regards vers le trône tutélaire, il lui demande une ordonnance générale qui fasse disparaître la bigar--rure et la confusion des juridictions, qui simplifie les procès, dissipe ces nuées de praticiens qui désolent les campagnes, qui rende les tribunaux accessibles aux plus pauvres, et la justice sommaire, arbitrale, gratuite dans le plus grand nombre de contestations champêtres ; et c'est par un pieux hommage à Louis XVI, qu'il termine son discours.

« Déjà tous les instans de son règne, dit-il,

» ont ajouté à la splendeur, à la gloire, au bon-
» heur de la nation : la sagesse et la justice se sont
» assises avec lui sur le trône pour le bien des
» deux mondes ; il a brisé les fers de l'Amérique
» qui est devenue une grande puissance, les mers
» ont recouvré la liberté, le commerce de la France
» a acquis des branches nombreuses et fécondes ;
» des routes, des canaux, des ports ont été cons-
» truits ; des débouchés multipliés ont été ouverts
» aux productions du sol et de l'industrie.

  » Avant de porter le sceptre, ses jeunes mains
» n'avaient pas dédaigné de tracer des sillons ; dès
» qu'il fut roi, il affranchit les serfs, et l'agri-
» culteur, pénétré d'amour et de reconnaissance,
» estima sa possession, s'y attacha davantage et
» espéra le bonheur sous les lois d'un monarque
» qui s'occupait de lui : bientôt les encouragemens
» accordés à l'établissement des manufactures dans
» les campagnes, y ont porté le travail et l'ai-
» sance qui les suit. Les modifications qui ont
» adouci la rigueur des milices, la conversion des
» corvées personnelles en une somme fixe, sage-
» ment répartie entre les contribuables ont as-
» suré la tranquillité de l'agriculteur, qui a pu se
» livrer sans obstacles à la culture de ses champs.
» Des lois habilement combinées, en accordant une
» sage liberté à la circulation des grains, des vins
» et des esprits, procurent à l'agriculteur un dé-

» bit plus avantageux de ses denrées. Un traité de
» commerce, vainement désiré par nos pères, et
» heureusement consommé par la sagesse du roi,
» avec une nation trop long-temps ennemie, assure
» un débouché important à nos vins, production pré-
» cieuse, base de notre richesse nationale, qu'aucune
» rivalité étrangère ne saurait nous enlever. Ainsi
» nous verrons se ranimer la culture des vignes,
» seule récolte importante dans nos provinces, où,
» par une fatalité inconcevable, le défaut de débit
» faisait gémir sur l'abondance des vins. » . . . . . .
. . . .

M. Rieussec s'exprimait ainsi en 1787. A cette
époque un grand mouvement d'améliorations agri-
coles s'était répandu en France, sous l'influence de
l'autorité paternelle du meilleur des rois : bientôt
éclatèrent de grands orages. Ce fut lorsqu'un peu
de calme eut succédé aux tourmentes politiques,
que M. Rieussec prononça le second discours que
nous avons annoncé. Il y a tracé le tableau de
l'agriculture du Lyonnais, en signalant les efforts
de la Société pour le perfectionnement, dans cette
province, du premier des arts. Comme il apparte-
nait à la société avant la révolution, il avait été
témoin et coopérateur du bien qu'elle fit dans les
dernières années qui ont précédé nos troubles
civils. Dans ces années, les prairies artificielles se
propagèrent ; on commença à répandre du plâtre

calciné sur les trèfles , et à fouiller la terre pour en extraire de la marne. Une prévention obstinée repoussait l'engrais puissant qu'on commençait à puiser dans les fosses d'aisance : cet engrais devait , disait-on , dessécher les blés et les terres , et les rendre infertiles ; les fourrages récoltés sur ces terres devaient, à la longue, nuire à la santé des hommes et du bétail. Il ne fallut pas moins que les instructions, surtout les exemples de la société pour surmonter ces préjugés. On lui dut l'introduction du colza qui, depuis a fait tant de progrès , celle de la gaude et de la garance , qui n'ont pas eu le même succès ; elle propagea plusieurs races précieuses de pommes de terre , ayant obtenu du ministre des semences propres à relever l'espèce. Elle perfectionna la vinification et introduisit quelques améliorations dans l'horticulture. L'un de ses membres les plus distingués, M. de la Tourrette le premier fit construire, dans le Lyonnais, des serres chaudes. Un autre de ses membres , le respectable M. Lanoix , s'occupa long-temps , et avec une grande sollicitude , des moyens d'approprier le charbon fossile au chauffage des fours de boulanger. Il crut avoir réussi ; cependant l'ancienne méthode a prévalu ; mais si , comme il y a tout lieu de l'espérer , on parvient à établir un procédé si propre à diminuer l'alarmante consommation des bois, la Société sera en droit de revendiquer la priorité de cette importante recherche. D'autres expériences sur le charbon fossile furent faites sous ses yeux par M. Lanoix, il sépara l'huile de pétrole, et en décomposant cette huile, il obtint le gaz inflammable qui, peu de temps après, reçut le nom d'hydrogène, et il annonça que ce gaz était éminemment propre à alimenter les réverbères. Les chimistes, qui les premiers ont employé ce moyen d'éclairage, n'ont pas nommé M. Lanoix.

La révolution surprit la Société au milieu de ses occupations les plus importantes ; ses membres furent dispersés ; elle fut la première, en France, qui reprit le cours de ses travaux. Ici M. Rieussec trace l'historique de sa restauration ; il fait connaître la nouvelle organisation qu'elle crut devoir se donner ; il indique les premiers travaux auxquels elle se livra : ce furent des recherches sur la topographie de la contrée, recherches dont les résultats fournirent peu de temps après à M. le préfet Verninac, les élémens de plusieurs chapitres de l'élégante statistique qu'il a publiée. C'est en effet dans la notice de M. Rieussec que cet administrateur avait puisé des détails précis sur les trois zones qui, sous le rapport agronomique, divisent notre climat, sur les genres de culture qui conviennent à chacune de ces zones, sur les vignobles dont les produits, si variés dans notre province, sont l'objet le plus important de notre économie rurale.

Parmi les agronomes qui avaient le plus contribué à améliorer la culture de la vigne et la fabrication du vin, M. Rieussec signale MM. Willermoz et Rast-Maupas. Ayant uni leurs efforts à ceux de MM. de La Chassaigne et Chancey, ils parvinrent à propager, pour la fumure des vignes, l'usage de plusieurs engrais précédemment négligés, tels que les marcs d'huile, et les résidus de manufactures de draps ; et pour l'amendement des prés marécageux, les cendres de toute espèce de combustible usuel. L'un des effets les plus remarquables de la multiplication des engrais, a été l'extension de la culture du chanvre, genre d'industrie, destiné à acquérir un plus haut degré d'importance, s'il est vrai, comme le pensait M. Rieussec, d'après des expériences qu'il avait faites peu d'années avant qu'il nous fût ravi, s'il est vrai que l'on puisse substituer dans nos pays, le chanvre bolonais à celui qu'on y cultive.

D'autres améliorations sont signalées par M. Rieussec, il cite la belle pépinière de M. Rast-Maupas, à Ecully, d'où sont sortis tant d'arbres étrangers qu'il avait naturalisés sous notre ciel. Les avantages qu'on pouvait attendre de cet établissement étaient plus considérables que ceux qu'on en avait obtenus, et cependant il n'a pas survécu à son auteur ; tant il est vrai qu'en France les plus belles, les plus nobles institutions sont presque toujours viagères.

Après avoir parlé des pépinières de M. Rast-Maupas, M. Rieussec fait connaître une ferme expérimentale que M. d'Epinay-de-Laye avait fondée aux environs de Villefranche, et dans laquelle il avait introduit des mérinos extraits de Rambouillet, des chèvres d'Angora, des taureaux de la Romagne.

M. Rieussec termine son discours en exprimant, au nom de la Société, le vœu d'une ferme expérimentale dirigée par elle. Le ministre qui présidait la séance, accueillit ce vœu, et nous eûmes pendant long-temps l'espérance de le voir se réaliser.

Sous quelques rapports, la pépinière départementale de naturalisation supplée une ferme expérimentale : des expériences importantes sur la culture des arbres y ont été faites, et de précieuses observations recueillies. Cet établissement, comme on sait, fut créé sur la demande de la Société qui en fournit le plan ; elle l'a soutenu contre toutes les attaques dont il a été l'objet ; c'est dans son sein qu'ont été pris les membres de l'administration qui la dirige depuis sa fondation. L'un des administrateurs de la pépinière les plus zélés fut M. Rieussec, il rédigea en 1817 un mémoire sur les avantages de l'établissement ; il prouva que dès cette époque (1817) il avait fourni :

1.º A l'administration générale des forêts 20,000 pieds d'arbres acclimatés, et 6 quintaux de graines ;

2.º A la ville de Lyon , les arbres qui décorent ses quais , ses places , ses cours et ses avenues ;

3.º Aux communes du département , tous les arbres qu'elles ont demandés à la préfecture ;

3.º Aux ponts et chaussées , ceux qui bordent les grandes routes ;

5.º Aux hospices , à la compagnie du pont Morand , un grand nombre d'arbres , à des prix très-inférieurs au taux du catalogue ;

6.º Des envois considérables aux départemens voisins.

D'après ces motifs et plusieurs autres que M. Rieussec développe dans ce mémoire , la pépinière fut conservée. Peu d'années après , elle fût l'objet de nouvelles attaques ; et c'est toujours dans le sein de la Société qu'elle a trouvé des défenseurs et des soutiens ; son utilité est enfin trop bien établie , pour qu'il soit possible de la contester désormais.

Si , comme agronome , M. Rieussec avait plaidé la cause de la pépinière départementale , c'est en qualité de jurisconsulte qu'il demanda l'établissement à Lyon d'une école succursale de droit ; les motifs sur lesquels il se fonda , sont trop étrangers aux travaux de la Société , pour qu'il me soit permis de les exposer ici : il en est un néanmoins qui se rattache aux arts de l'industrie , et qui , sous

ce rapport, ne saurait nous être indifférent ; c'est
la nécessité d'enseigner le droit commercial dans
l'une des métropoles du commerce de l'univers,
dans la cité qui, pendant deux siècles, fut le siége
de ce tribunal connu sous le nom de conservation,
dont les jugemens avaient force de loi dans toutes
les places de commerce, non-seulement de la
France, mais du monde civilisé.

C'était toujours un jurisconsulte, membre de
la magistrature municipale, qui présidait ce tribunal. M. Ravier fut l'un des derniers qui remplit
ce poste honorable. Il mourut vers le commence-
ment de ce siècle, et M. Rieussec, son ami, paya
un tribut à sa mémoire dans une courte notice
qui fut insérée dans les journaux du temps.

M. Rieussec aimait à faire valoir les titres de
ses compatriotes à l'estime publique, il s'exprimait
ainsi, en présentant au corps législatif l'ouvrage
de M. Marc-Antoine Petit.

« Le docteur Petit excelle dans l'art d'opérer
» et dans celui de guérir. Il écrit bien en prose,
» et ce qui est plus rare dans un homme à qui la
» confiance publique semble ravir tous ses momens,
» il exprime en vers heureux les principes et la
» morale de son art. »

M. Rieussec présenta aussi au corps législatif l'ouvrage de M. Chabot de l'Allier, sur la jurisprudence ; nous devons passer sous silence la notice

apologétique qu'il en donna , ainsi que d'autres opuscules sortis de sa plume , mais étrangers à nos travaux : c'est l'agronome habile et respectable dont j'ai voulu esquisser le portrait. Il a laissé deux fils dignes de lui. L'un , M. Justinien Rieussec , remplit avec distinction la place de premier avocat-général à la cour royale de Lyon , et tout annonce que de plus hautes destinées lui sont réservées ; l'autre , M. Antonin , tient un rang honorable dans le haut commerce de Lyon , et il fait , depuis long-temps , partie de la chambre administrative où se discutent les intérêts de l'industrie lyonnaise.

Un troisième fils de M. Rieussec suivait la carrière des armes ; jeune encore , il était parvenu à un grade élevé , il a trouvé la mort sur le champ de bataille.

www.ingramcontent.com/pod-product-compliance
Ingram Content Group UK Ltd.
Pitfield, Milton Keynes, MK11 3LW, UK
UKHW020110100726
13658UKWH00005B/2067